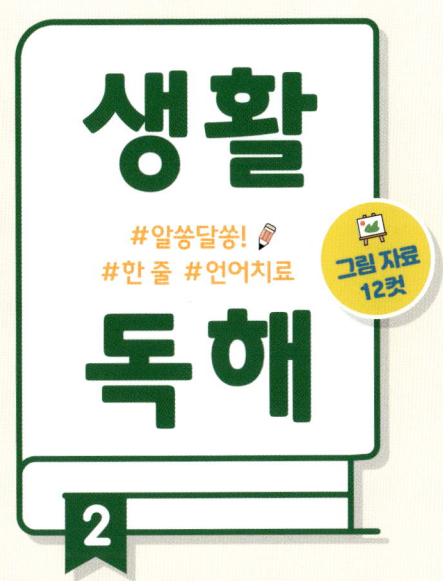

생활 독해

#알쏭달쏭!
#한 줄 #언어치료

그림 자료 12컷

2

초판 1쇄	발행 2024년 5월 20일

지은이	최숲, 황주희, 이지숙
그린이	이기재
편　집	김은예
펴낸이	박요한

펴낸곳	도서출판 봄비와씨앗
주소	세종특별자치시 갈매로 353, 에비뉴힐 A동 B1007호
전화	044)862-1365
출판등록	제572-2022-000007호
구매처	bombi-books.co.kr

* 이 책은 저작권법에 따라 보호받는 저작물이므로 무단 전재와 복제를 금합니다.
* 잘못된 책은 구입처에서 바꿔 드립니다.
* 책값은 뒤표지에 있습니다.

 더 많은 봄비와씨앗의
교재와 전자북을 구매할 수 있습니다.

목차

1. 우리 동네

2. 병원

3. 서점

4. 놀이공원

5. 마트

6. 영화관

7. 푸드코트

8. 공항

9. 공원

10. 학교 앞

11. 지하철역

12. 버스정류장

진료실
약국
해열제
진통제
소화제
조제약
복약안내
조제약사 : 김약사
식전 30분 / 식후 즉시
식후 30분 / 공복
고정문
진료시간
평일 | 9:00~6:00
야간진료 | 목요일 오후 8:00까지
토요일 | 9:00~3:00
일.공유일 휴진

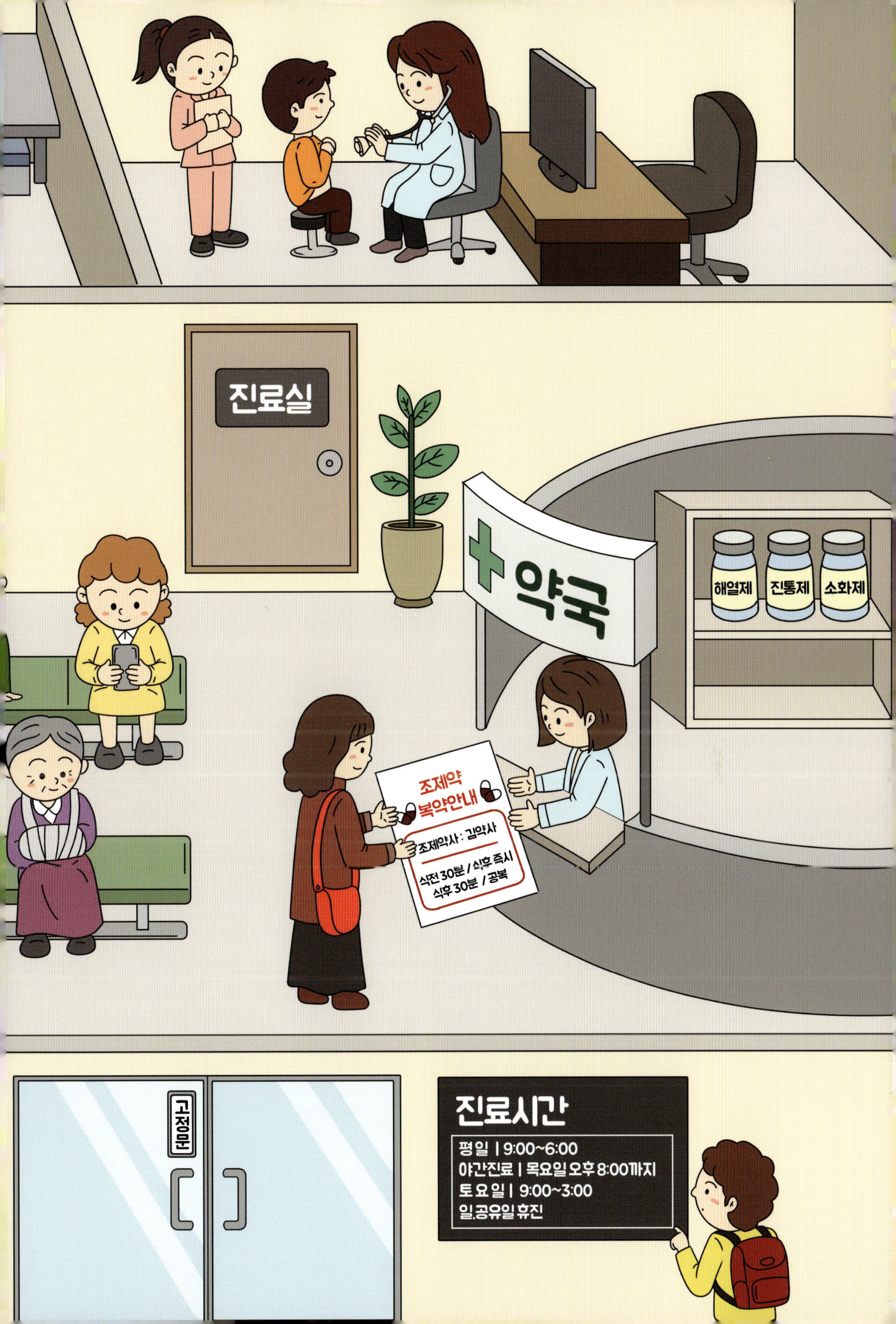

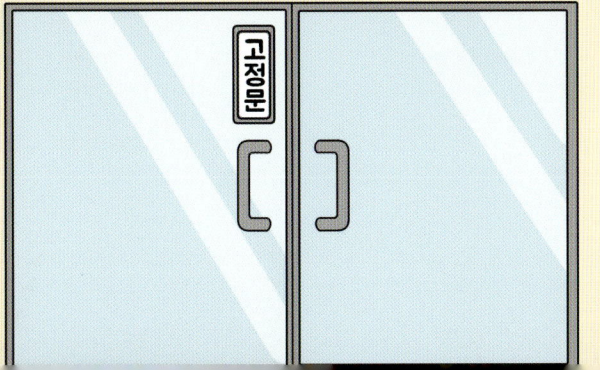

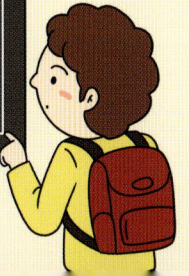

TICKET BOX

별별도시2

상영시간표
별별도시2

상영관	상영시간		잔여석
6관	14:30	16:30	8석
4관	14:40	16:40	매진

- 예매 티켓 출력
- 티켓 구매
- 매점 구매

영화관련 등급안내
- 18세 이하 청소년관람불가
- 15세 이상 관람 영화
- 12세 이상 관람 영화
- All 전체 관람 영화

비상구

발권·티켓
환전소
기내수하물 규정안내
기내수화물 1개
+
소형 휴대용 가방 1개
이곳은 국제선 1층입니다
입국
출국
국제선
목적지 시간 탑승구 상태
오사카 8:05 2 탑승
상하이 8:10 8 연착
도쿄 8:25 6 수속
타이페이 8:30 3 탑승장 변경
홍콩 8:40 1 결항
여기는
제2여객터미널
E

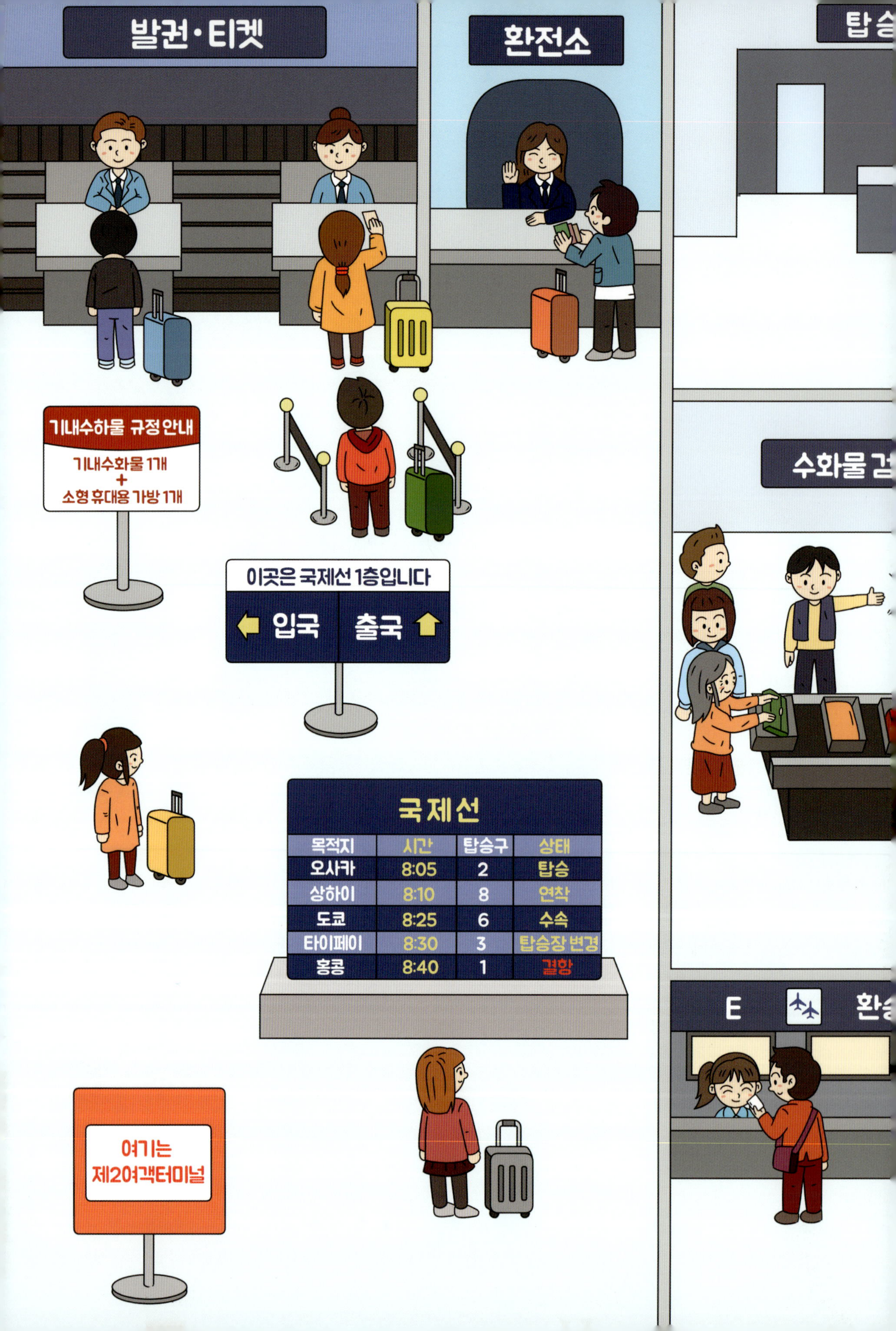

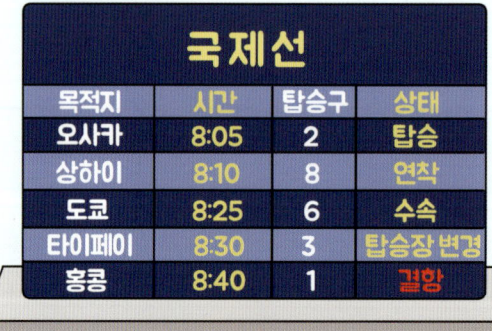

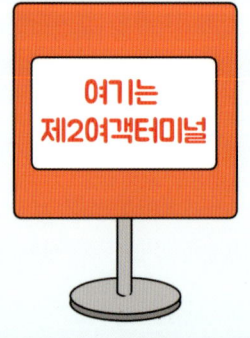

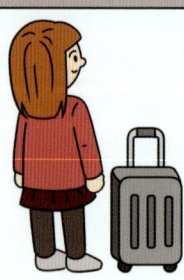

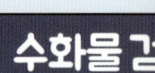

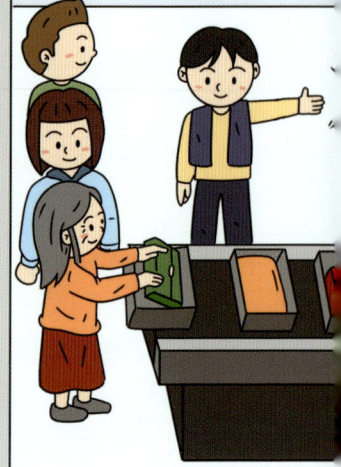

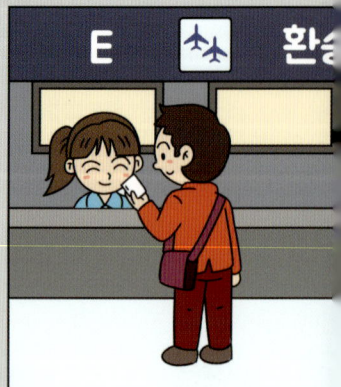

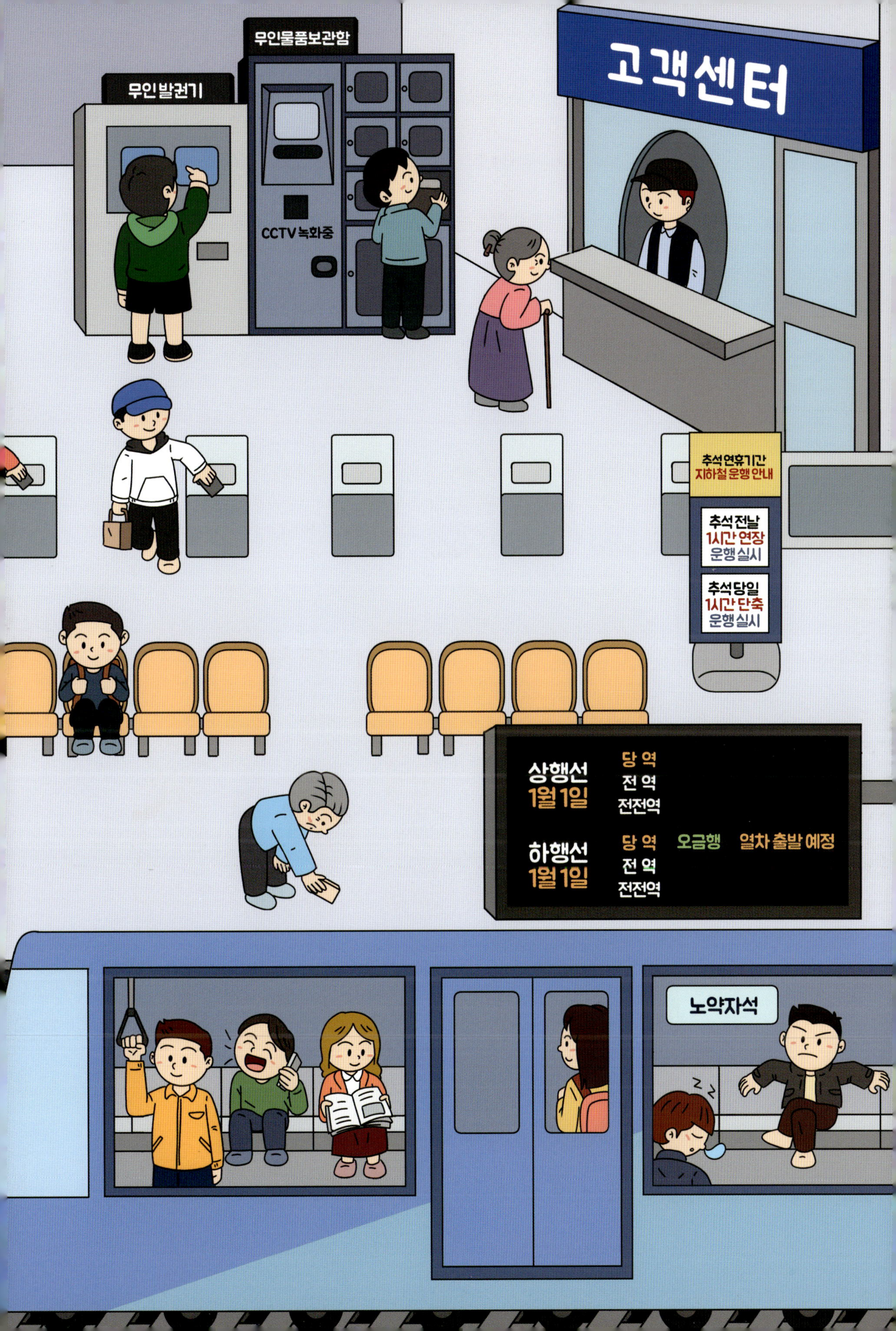
무인물품보관함
무인발권기
CCTV 녹화중
고객센터
추석연휴기간
지하철 운행 안내
추석전날
1시간 연장
운행실시
추석당일
1시간 단축
운행실시
상행선
1월 1일
당 역
전 역
전전역
하행선
1월 1일
당 역
오금행
열차 출발 예정
전 역
전전역
노약자석

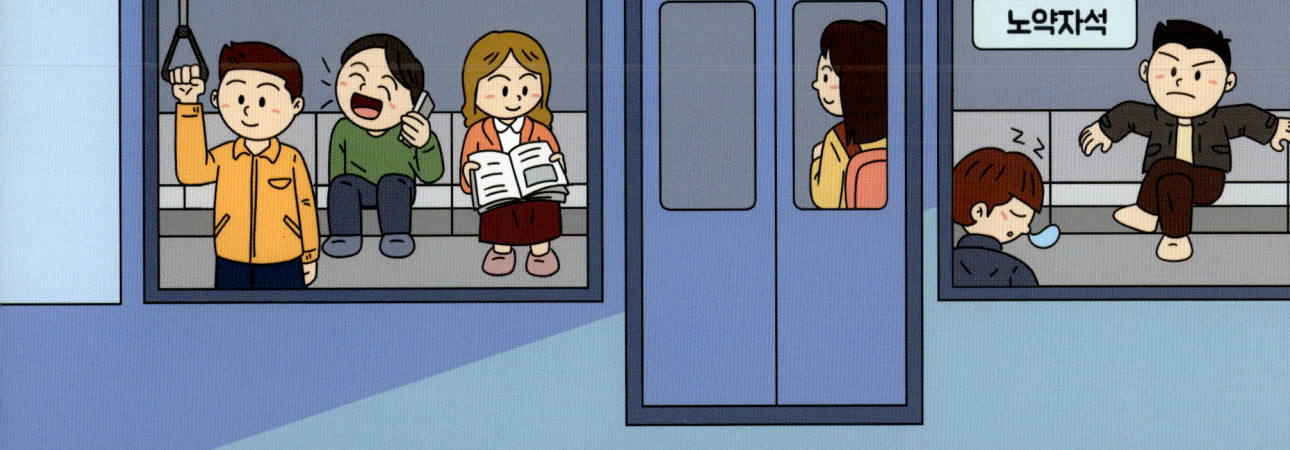